Commission des Traités Internationaux de Travail

RAPPORT

de M. Ernest LAIROLLE

Député des Alpes-Maritimes

Sur la Réciprocité des Lois de Prévoyance entre la France
et les Nations Alliées.

PARIS

IMPRIMERIE ET LIBRAIRIE CENTRALES DES CHEMINS DE FER

IMPRIMERIE CHAIX

SOCIÉTÉ ANONYME AU CAPITAL DE TROIS MILLIONS

Rue Bergère, 20

1918

Commission des Traités

Internationaux de Travail

RAPPORT

de M. Ernest LAIROLLE

Député des Alpes-Maritimes

Sur la Réciprocité des Lois de Prévoyance entre la France
et les Nations Alliées.

PARIS
IMPRIMERIE ET LIBRAIRIE CENTRALES DES CHEMINS DE FER
IMPRIMERIE CHAIX
SOCIÉTÉ ANONYME AU CAPITAL DE TROIS MILLIONS
Rue Bergère, 20
1918

Commission des Traités Internationaux de Travail [1]

SÉANCE DU 15 DÉCEMBRE 1917

RAPPORT DE M. Ernest LAIROLLE
Député des Alpes-Maritimes.

Sur la Réciprocité des Lois de Prévoyance entre la France et les Nations Alliées.

MESSIEURS,

Vous m'avez fait l'honneur de me charger de faire une étude et un rapport sur la réciprocité à établir pour les lois de prévoyance entre la France et ses Alliés, soit d'une manière plus générale, après le traité de paix, avec d'autres nations ; je viens vous faire part du résultat de cette étude tout en vous faisant

---

[1]　LISTE DES MEMBRES

DE LA

COMMISSION DES TRAITÉS INTERNATIONAUX DE TRAVAIL

MM. le Ministre du Travail, *Président ;* Henry Chéron, sénateur, *Vice-Président ;* A. Millerand, député, *Vice-Président ; Membres :* Paul Strauss, sénateur ; Henry Bérenger, sénateur ; Cosnier, Lairolle et Lenoir, députés ; Briat, vice-président du Conseil Supérieur du Travail ; Heurteau, vice-président du Conseil supérieur du Travail ; David-Mennet, président de la Chambre de Commerce de Paris ; Jouhaux, secrétaire-général de la Confédération générale du Travail (suppléé le cas échéant par M. Picart, membre du Comité National de la Fédération des Travailleurs du Bâtiment) ; *Représentants des Ministres :* MM. Arthur Fontaine, conseiller d'État, directeur du Travail ; Ch. Piquenard, chef du cabinet du Ministre du Travail ; Peax, sous-directeur au Ministère des Affaires Étrangères ; Pillault, sous-chef de bureau au Ministère des Affaires Étrangères ; Pernette, contrôleur général au Ministère de l'Intérieur ; Tenot, directeur au Ministère du Commerce ; Branchen, chef du service de la main-d'œuvre agricole ; Grunebaum-Ballin, président du Conseil de Préfecture de la Seine, délégué du Sous-Secrétariat d'État de la Marine Marchande ; *Secrétaire :* M. Grehange, chef de bureau au Ministère du Travail.

remarquer que je suis obligé, par la force des choses, de déborder le cadre des lois françaises de prévoyance et d'assurance. L'assistance est une forme inférieure de l'assurance sociale; dans beaucoup de pays dont nous aurons à étudier les législations, les lois d'assistance se trouvent avantageusement remplacées par des lois d'assurance, et l'avenir prochain de la France et de toutes les nations alliées ainsi que des autres nations qui pourraient adhérer à l'union à établir, est dans la disparition de l'assistance proprement dite et dans son remplacement par l'Assurance sociale appliquée à tous les risques de la vie.

Nous allons examiner la question à trois points de vue différents :

1° Au point de vue de notre législation actuelle et de nos traités avec diverses nations alliées;

2° Au point de vue des tendances qui dès avant la guerre se manifestaient dans les Congrès internationaux relativement à l'assistance et à l'assurance sociale;

3° Au point de vue de la situation morale et économique qu'a faite la guerre à la France et à ses alliés et qui devra lui survivre et dicte dès maintenant les accords à établir entre toutes les nations qui combattent pour la même cause;

4° Au point de vue de la situation à établir après la Guerre vis-à-vis d'autres nations neutres, de façon à protéger l'avenir économique et l'indépendance de la plupart des nations, et à les défendre contre toute tentative d'asservissement de quelque nature qu'il soit.

I

Situation résultant pour la France et ses Alliés de leur législation et des traités.

La loi du 5 avril 1910, modifiée par la loi du 27 février 1912, soumet bien, en principe, en vertu de son article 11, les salariés étrangers au même régime que les salariés français; mais ce principe n'est qu'une apparence, que nous nous permettrons de qualifier de vaine, puisque, en réalité, ce régime ne consiste que dans l'obligation des versements ouvriers qui doivent se capitaliser à la Caisse des Dépôts et Consignations et que les salariés étrangers ne jouissent, aux termes du même article 11, des seuls avantages de la retraite ouvrière, c'est-à-dire des versements patronaux et des majorations de l'État que *si des traités avec les pays d'origine garantissent à nos Nationaux des avantages équivalents.*

Quels sont ces avantages? Nous les connaissons, ce sont les versements patronaux et la majoration de l'État qui est de 100 francs à charge de justifier de 60 ans d'âge et de 30 versements annuels.

Nous devons ajouter qu'en vertu de l'interprétation qui a été donnée par la Cour de Cassation à l'article 23 de la loi de 1910, en ce qui concerne les patrons à qui leurs salariés ne leur ont pas présenté leurs cartes-retraite, et par suite, aussi défaut de poursuites contre les mêmes salariés, qui n'ont pas voulu se procurer des cartes-retraite et se soumettre à la loi; le défaut d'application de toute sanction légale à la loi de retraite obligatoire l'a transformée en loi de retraite facultative. Le Ministre de la Prévoyance sociale a fait un effort pour la rendre obligatoire dans les usines de guerre; mais elle ne deviendra réellement obligatoire que quand une modification à l'article 23 aura donné l'obligation de faire sur les cartes les versements patronaux et aura apporté une sanction qui la rende obligatoire.

Disons en terminant qu'en tenant compte des versements ouvriers et patronaux et de la majoration de l'État, un salarié qui aurait depuis 13 ans jusqu'à 60 ans effectué régulièrement ses cotisations aurait une pension de 432 fr. 91 c. et 442 fr. 91 c., s'il avait élevé trois enfants jusqu'à 16 ans, et s'il avait effectué ses versements depuis 30 ans seulement, aurait droit à une pension de 281 fr. 98 c. et 291 fr. 98 c. s'il avait élevé trois enfants jusqu'à 16 ans. Ajoutons que l'assurance maladie est administrée d'une façon facultative par les sociétés de secours mutuels constituées d'après la loi du 1er avril 1898.

ANGLETERRE

Nous ne pouvons mieux faire, pour donner une idée exacte de la belle législation d'assurance sociale de l'Angleterre, que de transcrire les passages suivants du savant ouvrage de Paul Pic, sur les assurances sociales :

« Le concept britannique. Assurances sociale.

» Les précédents : Législation australienne et danoise. Pen-
» dant un certain nombre d'années, les colonies anglaises
» d'Australie et le Danemark, ont été les seuls États pratiquant
» l'assurance nationale ou plus exactement l'assistance sociale
» obligatoire aux vieillards indigents.

» C'est le Danemark qui a inauguré le système, par sa loi
» du 9 avril 1891, amendée et completée par les lois du
» 7 avril 1899, 23 mai 1902 et 13 mars 1908 *(Bull. Off.*
» *Internatiol.*, 1909, p. 317). D'après la législation danoise
» les vieillards indigents ont droits dans certaines conditions,
» à une pension de vieillesse à laquelle il est pourvu sur les
» ressources générales du budget, sans qu'aucune contribution
» soit réclamée aux ayants droit. La pension est servie à l'âge
» de soixante ans; le taux minimum est de 264 francs à
» Copenhague, de 208 francs dans les villes et de 181 francs
» dans les communes rurales. La charge des pensions est sup-
» portée concurremment par l'État et par les Communes.

» Trois ans plus tard, la Nouvelle-Zélande adoptait une
» législation similaire (loi du 1er Novembre 1898, amendée en
» 1908 *Bull. Off. inter.* 1910, p, 38); l'État de Victoria, en
» Australie, s'y rallia en 1900, et enfin, en 1908, le même
» régime était étendu à tout le Commonwealt australien (loi du
» 10 juin 1908 *Bull. Assur. soc.* 1909, p. 218); aux termes
» de la loi australienne, les pensions alimentées comme en
» Danemark par les ressources générales du budget, sont
» allouées à tout vieillard indigent âgé de 85 ans; le maximum
» est de 26 livres (650 francs); de plus, une pension d'invali-
» dité peut être attribuée, après enquête, aux invalides âgés de
» plus de 16 ans.

» Législation anglaise; pension de vieillesse, assurance ma-
» ladie et invalidité.

» Le législateur anglais, non content de s'approprier le régime
» australien des pensions de vieillesse, s'est engagé beaucoup
» plus avant, sous l'énergique impulsion de M. Lloyd George.
» dans la voie des assurances sociales. En deux étapes,

» séparées par un intervalle de trois ans, la Grande-Bretagne
» s'est placée sur le terrain de la prévoyance sociale, à l'avant
» garde des nations civilisées, par ses deux lois combinées du
» 1er août 1908 (*Bull. Assur. soc.* 1908, p. 999 sur les pen-
» sions de vieillesse (old age pensions) et du 16 décembre 1911
» (*Bull. Assur. soc.*, septembre-octobre 1911 et avril 1912) sur
» l'assurance nationale (national assurance) loi de solidarité
» nationale (entrée en vigueur le 15 juillet 1912) qui englobe
» non seulement l'assurance obligatoire des salariés contre la
» maladie et l'invalidité, mais même (innovation unique jus-
» qu'ici, l'expérience de Saint-Gall ayant avorté) l'assurance
» obligatoire de certaines catégories de travailleurs contre le
» chômage involontaire.

» Nous reviendrons ultérieurement sur la seconde partie de
» l'acte de 1911, la plus originale peut-être, relative à l'assu-
» rance-chômage. Il nous suffira pour l'instant de résumer
» brièvement l'économie des lois 1908-1911, en ce qui con-
» cerne l'assurance vieillesse-invalidité et l'assurance maladie.

» La première partie du bill anglais de 1911 offre une ana-
» logie manifeste avec les lois d'assurances allemandes contre
» la maladie et l'invalidité et avec la loi française d'assurance-
» vieillesse mais elle différencie cependant des lois de l'Europe
» continentale par plusieurs traits essentiels, qui lui assignent
» une physionomie originale.

» Comme les lois précitées, la loi anglaise a pour base l'obli-
» gation pour les salariés (l'assurance n'étant facultative que
» pour les petits patrons et anciens salariés établis à leur
» compte); comme elle aussi elle procède du principe de
» la triple contribution de l'assuré, du patron et de l'État.
» Mais elle diffère de la loi allemande en ce qu'elle dissocie

» l'assurance-invalidité de l'assurance-vieillesse, une loi anté-
» rieure (loi du 1er août 1908) ayant déjà pourvu à l'assu-
» rance des vieillards indigents, salariés ou non, âgés de plus
» de soixante-dix ans, à l'aide des seules ressources géné-
» rales du budget, sans aucune contribution du salarié ou du
» patron, Aussi, en droit anglais, la pension d'invalidité n'est-
» elle servie que jusqu'à soixante-dix ans, le vieillard ayant
» dépassé cet âge est pourvu par les soins de l'État d'une pen-
» sion suffisante. La loi anglaise a également pour, trait dis-
» tinctif la reconnaissance du principe du self governement
» par les ouvriers, le rejet de la centralisation administrative
» allemande. Aussi a-t-on pu dire que, tandis que la loi alle-
» mande assujettit les mutualités ouvrières à une tutelle étroite,
» officielle, la loi anglaise sert plutôt de contrefort, d'étai, à
» la mutualité libre. (Les lois d'assurance sociale de M. Lloyd
» George, Démocratie sociale, du 14 mai 1911). Il n'y a pas
» de caisses d'État, mais seulement des caisses privées (en Al-
» lemagne ces caisses n'ont été maintenues que pour l'assurance-
» maladie). Ces caisses sont, en principe, les caisses mutualistes,
» agréées sous certaines conditions. L'agrément légal peut
» d'ailleurs être obtenu aussi par les caisses syndicales ou
» même par des compagnies d'assurances à base commerciale.

» Quant aux ouvriers non mutualistes, cette minorité est
» groupée en un corps appelé « Post Office Contributory ».
» Comme ce groupe comprend tous les mauvais risques, les
» ouvriers irréguliers, les maladifs, les ivrognes, que repous-
» sent les mutualités, ces imprévoyants ne jouissent des indem-
» nités qu'après cinquante-deux semaines de contribution;
» tout ouvrier a donc un intérêt primordial à s'affilier à une
» mutualité.

» En ce qui concerne les indemnités à verser à ces non-

» mutualistes, le projet prévoit la création, dans chaque conté,
» d'un Comité de santé composé sur le modèle des comités de
» patronage des habitations à bon marché ou des institutions
» de prévoyance belge. Chaque comité comprend dix-huit
» membres, dont un tiers désigné par le Conseil de comté,
» un tiers par les mutualistes et un tiers par l'autorité postale,
» qui encaissera les cotisations de cette catégorie d'assurée.
» C'est aussi à ces comités qu'incombera la charge d'adminis-
» trer les sanatoria, pour lesquels l'État doit immédiatement
» verser comme fonds de premier établissement un million et
» demi de francs.

» Recherchons maintenant quel est le taux des cotisations
» et des indemnités correspondantes. Tout salarié (ouvrier,
» employé, domestique, dont les appointements n'excèdent
» pas 160 livres, soit 4.000 francs, par an, est assujetti à
» l'assurance contre l'invalidité et la maladie.

» Le législateur anglais, s'inspirant sur ce point de la loi
» française de 1910, s'est arrêté au système de la prime uni-
» forme. Les indemnités elles-mêmes sont uniformes et indé-
» pendantes de la durée des versements, ce qui constituera
» évidemment un surcroît de charges considérables pour le
» Trésor. Les taux des primes et indemnités sont les suivants :
» les patrons retiennent à chaque paye 4 pence (environ
» 0 fr. 40 c.) par semaine pour les hommes, 3 pence
» (0 fr. 30 c.) pour les femmes; ils y ajoutent 3 pence
» (0 fr. 30 c.) pour leur part et l'État de son côté versé
» 2 pence (0 fr. 20 c.).

» En retour, les malades hommes ont droit à une indem-
» nité de 12 fr. 50 c. par semaine pendant trois mois, et de
» 6 fr. 25 c. pendant les 3 mois suivants; les femmes reçoi-

» .vent 9 fr. 35 c. par semaine pendant le premier trimestre,
» 6 fr. 25 dans le second. Les femmes en couche (assurée ou
» même femme d'assuré) à la condition de chômer pendant
» un mois, reçoivent une indemnité de 30 shillings (37 fr. 50 c.)

» Les pensions pour invalidité permanente sont de 6 fr. 25 c.
» par semaine. L'ouvrier ne peut prétendre à l'indemnité de
» maladie qu'à la condition d'avoir versé au moins 26 cotisa-
» tions. Pour la pension d'invalidité, il doit justifier du ver-
» sement de 104 cotisations hebdomadaires au moins 104
» semaines doivent s'être écoulées depuis son entrée dans
» l'assurance.

» Telles sont les grandes lignes de la loi d'assurance an-
» glaise. Si nous la comparons au régime français, sur lequel
» nous reviendrons bientôt, nous constatons que là situation
» faite aux vieillards est assez analogue. La loi française de
» 1910 sur les retraites devant se combiner avec la loi du
» 14 juillet 1905 sur l'assistance obligatoire aux vieillards indi-
» gents, avec cette différence cependant que le salarié français
» parvenu à l'âge de soixante-dix ans continue à toucher la
» retraite prévue par la loi de 1910–12, et ne passe pas dans
» la catégorie des (assistés).

» Mais le contraste est complet entre les deux lois au double
» point de vue ; d'abord que la loi française a, jusqu'ici, négligé
» d'organiser l'assurance contre la maladie, les mutualités
» libres étant seules en France proposées à cet office, de telle
» sorte que la masse des mutualistes n'a d'autres ressource que
» l'assistance (voir *infra)* ; ensuite, en ce que, soit le vieillard
» indigent, soit le salarié invalide anglais bénéficie d'indemnités
» sensiblement plus élevées que l'indigent ou l'invalide fran-
» çais. »

» Charges comparées des assurances anglaises, françaises
» et allemandes.

» Cette gigantesque construction sociale (n'oublions pas
» qu'elle englobe jusqu'à l'assurance-chômage) a l'inconvé-
» nient de coûter cher, et l'Angleterre, forte de sa richesse
» accumulée, était peut-être le seul État qui pût envisager
» sans alarme excessive le formidable fardeau de 19 millions
» de livres sterling (près d'un demi-milliard de francs, d'après
» l'évalution de M. Lloyd George) qui va peser de ce chef,
» dorénavant, sur le budget britannique. Aucun État ne s'est
» engagé jusqu'ici aussi avant dans la voie des dépenses
» sociales, L'Allemagne, même depuis la loi de 1911, ne
» prévoit pas une dépense d'État supérieure à 150 millions ;
» la France, elle, du chef de la loi de 1911, qui a sensible-
» ment aggravé les charges de la loi des retraites de 1910,
» aura à inscrire à son budget de 1913, 200 millions de
» francs environ pour arriver en période constante à 300 mil-
» lions (220 millions pour l'assurance vieillesse-invalidité,
» 80 millions pour l'assistance aux vieillards indigents) non
» compris, il est vrai, les subsides assez élevés dont bénéficie
» la Mutualité.

» Mais il convient, dans les dépenses de cette nature, d'en-
» visager le rendement. A ce point de vue, la loi anglaise a,
» sur les lois similaires, cette supériorité qu'elle assure la
» famille ouvrière contre l'ensemble des risques qui la mena-
» cent, tandis que la loi allemande ne prévoit pas le risque
» de chômage, et qu'elle assure à peine celui de vieillesse :
» une pension à l'âge de 70 ans, pension d'ailleurs réservée
» aux seuls salariés ayant cotisé pendant 30 ans, est presque
» un leurre. Quant à la loi française, si elle est infiniment

» plus avantageuse que toutes les autres eu point de vue de
» l'assurance-vieillesse, pour les salariés tout au moins, elle
» n'a fait jusqu'ici qu'amorcer l'assurance-invalidité, et elle
» ne pratique pas encore, ni l'assurance-maladie, ni l'assu-
» rance-chômage. Les subventions de l'État français aux
» mutualités libres ou aux caisses de chômage ne sauraient
» être, à aucun titre, considérées comme l'équivalent d'une
» assurance généralisée.

» Il est intéressant, d'autre part, de noter que si, dans le
» système allemand qui, à la différence des lois anglaises ou
» françaises, ne comporte pas de pensions gratuites pour les
» vieillards indigents, le fardeau assumé par le Trésor est rela-
» tivement faible en revanche la surcharge imposée à l'en-
» semble de la production (patrons et salariés) est considé-
» rable, d'après certains auteurs allemands, pourraient bien
» mettre à bref délai l'industrie allemande en fâcheuse posture
» vis-à-vis de ses concurrents, malgré sa puissante vitalité et
» l'avance acquise par elle sur certains marchés. Tout au
» contraire la majeure partie des charges créées par les lois
» anglaises se répartit sur la nation tout entière et frappe la
» richesse acquise plutôt que la richesse en voie de formation.
» Cette expérience britannique de mutualisation de la nation
» contre les causes de déchéance physique est donc d'un haut
» intérêt, par les voies nouvelles qu'elle fraie, et par la har-
» diesse dont ses promoteurs ont fait preuve. Aussi toutes les
» nations civilisées devront-elles suivre de près le développe-
» ment. ainsi que les répercussions multiples, financières ou
» sociales ».

BELGIQUE

Voici comment, relativement à la Belgique, s'exprime le même auteur :

« Le concept Belge : assurance officielle facultative ou
» liberté subsidiée.

» L'assurance-vieillesse-invalidité en Belgique et en Italie,
» ou liberté subsidiée. Par deux lois presque contemporaines
» (loi belge, 10 mai 1900, amendée le 20 août 1903, loi ita-
» lienne 17 juillet 1898, amendée le 7 juillet 1901 au
» 13 mars 1904), la Belgique et l'Italie ont inauguré pour
» l'assurance-vieillesse-invalidité un système très différent du
» régime anglais.

» Ce système, dit de la liberté subsidiée, qui comptait
» encore en France de nombreux partisans, consiste à stimu-
» ler la prévoyance libre par de très larges subventions per-
» mettant de doubler, de tripler, parfois même de sextupler
» (voir les calculs de M. Varlez, *op. cit.* en note) les modestes
» sommes mises en réserve par le travailleur en vue de sa
» retraite,

» Aux termes de la loi belge, le subside de l'État peut attein-
» dre 9 francs par an et par assuré à la Caisse Générale d'Épar-
» gne et de retraite, jusqu'au moment où l'ensemble des sommes
» inscrites sur le livret suffit pour constituer à l'ouvrier une
» rente de vieillesse de 360 francs (payable à 65 ans). L'inva-
» lidité prématurée ne donne droit qu'à des rentes réduites.
» Un crédit spécial est inscrit dans la loi pour servir des
» retraites gratuites (65 fr.) aux ouvriers ayant atteint l'âge
» de 58 ans au moment de la promulgation de la loi.

» En principe, sont exclues des faveurs de l'État les per-
» sonnes payant de 5o à 8o francs d'impôts directs, suivant
», l'importance de la commune. Toutefois, et par une faveur
» spéciale qui suffit à expliquer le développement si rapide de
» la mutualité belge, tout membre d'une mutualité quelle
» que soit sa situation de fortune, peut jouir des primes de
» l'État à la condition de ne pas verser plus de 8o fr. par an.

» Comme en France, le service de l'assurance-maladie est
» assuré à titre facultatif parles sociétés de secours mutuels ».

ITALIE

Il suffit de citer quelques chiffres pour saisir que c'est surtout au point de vue des rapports économiques de la France
et de l'Italie que la question faisant l'objet de notre étude
présente une réelle importance. Le petit nombre de Français
allant à l'étranger, dû, hélas! à notre faible natalité, donne à
cette question, à leur point de vue, une importance plutôt
théorique que pratique, bien qu'au point de vue des principes,
elle conserve avec nos alliés toute sa valeur.

Voici, d'après les dernières statistiques qui ont précédé la
guerre, rapporté par une savante étude d'Umberto GARRACIO,
le nombre des Italiens en France : 419.232 sur un nombre
total de 1.159.896 étrangers se trouvant en France. Ces
419.232 sont divisés en plusieurs groupes dont les plus importants se trouvent dans les Bouches-du-Rhône, les Alpes-Maritimes, la Seine, le Var, la Meurthe-et-Moselle et le Rhône,
dont ils constituent un élément important de prospérité économique.

Notons quelques chiffres importants : en 1881, le nombre

des Italiens en France était de 240.000 ; en 1911, il était de 400.000, il avait à peine doublé ; à ces mêmes dates, il était en Allemagne, en 1881, de 7.000 ; en 1911, il était de 190.000 ; il était devenu 27 fois plus fort. Nous verrons plus loin la cause de cette différence de proportions.

Notons qu'en Italie le nombre des Français, en dehors de nos compatriotes de passage, est, d'après les renseignements qui nous ont été donnés par la Direction de statistique générale, de 9.500 environ, soit en chiffres ronds 10.000.

L'organisation de la Prévoyance sociale pour l'invalidité et et la vieillesse est constituée par la Caisse Nationale de Prévoyance pour l'invalidité et pour la vieillesse des ouvriers, régie par la loi du 30 mai 1907 et le décret royal du 18 mars 1909.

L'organisation de cette Caisse dont le siège social est à Rome est très heureusement raccordée à celle des Caisses d'Épargne, des institutions publiques de bienfaisance, des banques populaires, des associations patronales, des institutions agraires, commerciales et industrielles, des sociétés de secours mutuels, ou d'autres institutions de prévoyance à créer par décret royal, qui toutes peuvent servir de sièges secondaires à la Caisse Nationale. Il y a là un très ingénieux raccordement de l'institution d'État avec les œuvres d'initiatives particulière et sociale.

La dotation centrale de la Caisse est constituée par un fonds de dix millions qui est plus spécialement affecté au service d'invalidité.

Cette dotation est augmentée par une série de recettes diverses parmi lesquelles il convient de noter :

1° Les 7/10 des profits nets annuels des caisses postales d'épargne ;

2° La moitié des profits nets annuels de la gestion des dépôts judiciaires ;

3° Le montant des successions vacantes dévolues à l'État.

Sauf quelques catégories d'ouvriers pour lesquelles l'inscription de la Caisse nationale de Prévoyance est obligatoire, l'assurance contre les risques de vieillesse et d'invalidité est facultative,

La faculté d'adhésion appartient aux travailleurs italiens des deux sexes, même s'ils se trouvent hors du royaume.

Ajoutons pour terminer notre rapide revue de la Législation italienne de Prévoyance : qu'une loi du 19 juin 1913 a autorisé le Gouvernement à conclure des conventions internationales relatives aux assurances sociales, sur la base d'une réciprocité de traitement entre citoyens étrangers et italiens et qu'en conséquence le Gouvernement peut autoriser à son tour la Caisse nationale de Prévoyance et d'Invalidité, et les autres institutions de prévoyance constituées et reconnues par la loi, à recevoir les adhésions des étrangers aux conditions à déterminer.

Nous indiquions tout à l'heure quelle était la retraite du travailleur français, avec les versements patronaux et la majoration de l'État à 60 ans ; 432 francs ; elle est, en outre, à 65 ans, de 494 francs ; dans les deux cas à capital aliéné.

Or, d'après les chiffres qui nous ont été fournis par le Marquis Ferrero di Cambroccio, Sénateur et Président de la Caisse nationale de Prévoyance, l'assuré de la Caisse arrrivera, pour celui qui aurait commencé ses versements à 13 ans, à une rente de 227 francs, et à 65 ans, de 402 fr. 34 c.

Or, comme le fait remarquer avec beaucoup de raison M. Luzzatti dans une savante étude qu'il a consacrée à la question, cette rente de 432 francs et de 494 francs est constituée en France jusqu'à concurrence de 100 francs par la majoration de l'État, et les Italiens habitant la France réuniront rarement les conditions d'années et de versements nécessaires pour avoir droit à cette majoration et dans ces conditions les avantages garantis par la Caisse nationale de Prévoyance à ses assurés apparaissent comme largement équivalents et à certains points de vue supérieurs à ceux que donne la législation française.

On ne peut pas objecter que l'une des législations est obligatoire et l'autre facultative. Cet argument serait sans portée, pour comparer les avantages faits de part et d'autre à chaque assuré; il tombe du reste devant cette considération qu'en fait et tant qu'une disposition spéciale n'aura pas complété par des sanctions appropriés la loi du 5 avril 1910, en réalité le régime de retraite qu'elle aura créé obligatoire dans la pensée des législateurs qui l'ont établi est dans la pratique purement facultatif.

Quelle est la situation de la France et de l'Italie au point de vue des accords iuternationaux?

C'est le traité de Rome du 15 avril 1904 qui est la pierre angulaire de l'édifice que nous allons contribuer à élever. Il n'a pas tout réglé; mais il a posé des principes féconds que nous allons contribuer à la fois à élargir et à réaliser par notre délibération.

Ce traité a été signé du côté Italien par S. E. M. Tittoni, alors Ministre des Affaires étrangères, plus tard ambassadeur d'Italie en France, par M. Louis Luzzatti, alors Ministre du

Trésor, M. Rava, Ministre de l'Agriculture, de l'Industrie et du Commerce, et M. le Compte Stelluti Scala, Ministre des Postes et des Télégraphes, et du côté français par M. Barrère, notre éminent Ambassadeur à Rome et M. Fontaine, Directeur du Travail.

Tout en établissant d'une façon ferme une correspondance entre les caisses d'épargne françaises et les caisses dépargne italiennes de façon à faciliter les dépôts d'épargne à faire en France par les Italiens, et en Italie par les Français, le traité du 15 avril 1914 a posé les principes de réciprocité qui doivent régir les rapport des travailleurs des deux pays :

1° Pour le régime des retraites ouvrières,

2° Les accidents de travail,

3° Les indemnités de chômage,
s'en remettant à des conventions ultérieures pour l'exécution de ces accords dont il établissait la base.

Il réglait en même temps certaines questions de détail concernant la situation des travailleurs.

Les principes posés par le traité précité ont reçu une première application dans les conventions des 20 janvier et 29 juin 1906 qui ont étendu aux caisses d'épargne ordinaire les dispositions du traité de 1904 et réglé entre les deux pays l'application de la loi sur les accidents du travail.

Des accords divers sont ensuite intervenus entre la France et l'Italie pour régler dans certains cas la condition des travailleurs dans les deux pays.

C'est en l'état de ces accords diplomatiques et surtout du traité de 1904 qu'il convient d'examiner les législations des deux pays.

Notons qu'un accord du 9 août 1910, a été conclu entre nos deux gouvernements pour établir une correspondance entre les deux Caisses nationales des Retraites de France et d'Italie, et pour permettre aux Italiens en France et aux Français en Italie d'effectuer leurs versements à chacune des deux caisses pour le compte de l'autre. Pour des raisons diverses cet accord n'a pas encore été ratifié par les deux Parlements (1) et le sera sûrement avant l'accord principal à intervenir entre les deux pays pour les lois de Prévoyance et d'Assistance dont il formera une annexe.

Ajoutons un point important, c'est qu'une convention conclue le 31 juillet 1912 entre l'Italie et l'Allemagne de la manière la plus large au profit des Italiens qui iraient travailler dans ce pays le bénéfice de sa grandiose, trop grandiose, hélas, législation d'assurance sociale.

Ajoutons, pour terminer notre revue, qu'en Roumanie, la loi du 7 février 1912 (*Bull. Off. travail 1912, p. 499*) réglemente en même temps que les conditions du travail industriel, le fonctionnement des assurances sociales.

Tandis que l'Allemagne n'a adopté que progressivement les divers types d'assurance, la Roumanie, brûlant les étapes, a constitué d'une seule pièce un vaste organisme englobant pour l'ensemble du personnel industriel les trois types d'assurances, accidents, maladie, vieillesse, invalidité. Cette législation directement inspirée de la loi allemande repose comme celle-ci, sur l'obligation et les frais qu'elle entraîne sont, supportés à perte égale par les patrons, les assurés et l'État.

---

(1) Il a été récemment sur mon rapport voté par la Chambre des Députés.

L'assurance maladie fonctionne en Serbie (Lois du 29 juin, 22 juillet 1910) et en Russie (Loi du 20 novembre 1911. *Bull. Assur. sociales* 1912, p. 1911).

Il ne paraît pas qu'aux États-Unis, sauf pour les accidents, une législation d'assurances sociales ait été tentée.

L'impression qui se dégage de cette étude, est l'état d'infériorité où nous sommes, non seulement vis-à-vis de l'Allemagne, qui a fait de sa législation d'assurance pour les travailleurs Italiens, un puissant moyen d'attraction, qui rapproché de l'ensemble de sa politique de domination économique en Italie et ailleurs, explique bien des choses, et donne la clef de bien d'événements; mais aussi vis-à-vis de l'Angleterre qui, au lieu de s'entêter dans cette idée stupide que l'Angleterre individualiste ne saurait singer l'Allemagne, pratiquant dans de grandioses proportions, l'esprit collectif, non seulement l'a imitée, mais même, sous certains rapports l'a dépassée en adaptant certains de ces procédés à son caractère propre, et à sa magnifique situation financière.

Et l'un des moindres profits de la comparaison que nous faisons en ce moment sera la démonstration de la nécessité d'une *législation d'assurance sociale vraiment complète pour tous les risques de la vie dont la France, rattrapant le temps perdu, doit donner l'exemple à tous ceux des Pays Alliés qui seraient en retard sur l'exemple donné par l'Angleterre, et pourrait même, sur certains points, compléter sa remarquable législation.*

II

Dès avant la guerre, il faut bien le dire, des tendances de progrès s'étaient manifestées dans les Congrès Internationaux ayant pour objet les assurances sociales et nous devons citer les décisions du Congrès de Copenhague, des 9, 13 août 1910, sous la Présidence de M. Loubet, émettant le vœu que dans les divers pays les institutions préventives des dangers sociaux, assurances ou mutualités s'orientent de plus en plus vers l'assimilation des Étrangers aux Nationaux, et qu'en cas de besoin, pour l'invalidité permanente et la vieillesse notamment, il soit établi des ententes internationales sur la base de la réciprocité.

III

C'est en cet état que nous avons à examiner la situation nouvelle qui est faite à la France et à ses Alliés par la terrible guerre qui les réunit dans une solidarité de sacrifices en vue non seulement du salut commun, mais du salut du restant de l'humanité, et fera triompher les principes éternels du Droit et de la Justice humaine menacés dans leur existence même, par une tentative audacieuse de domination et de tyrannie universelle.

Il est évident que la Communauté d'intérêts doit durer entre les Alliés, parmi lesquels nous persistons, malgré de tristes événements à compter la Russie (1); elle doit durer après la guerre; nous disons même : elle doit durer surtout après la

---

(1) Notre rapport est du 15 décembre, depuis nous avons reperdu nos dernières illusions.

guerre, car sans la persistance de cette union, les sacrifices inimaginables auxquels se livrent les nations alliées, demeureraient stériles, si par la plus stupéfiante des aberrations, cette union, au lieu de se resserrer, donnait, en cessant, à nos ennemis l'occasion d'une facile revanche, qui rendrait inutile la plus effroyable dépense de vies humaines et de richesses auxquelles l'humanité ne soit jamais livrée; il faudrait qu'après la paix les nations alliées fussent frappées d'aliénation mentale, et on pourrait leur appliquer l'adage qui n'a que trop souvent d'application : *quo vult perdere dementat Jupiter,* s'ils affaiblissaient cette union sacrée de tant de nations scellées par tant de sang.

C'est en ce sens qu'il faut établir les fondements, pratiques de ce qui n'a été jusqu'à présent qu'une formule : *la Société des Nations* soit entre les nations alliées d'abord soit entre les nations alliées et les neutres qui voudraient y entrer ensuite, Société dans laquelle on ne pourrait envisager l'accession éventuelle de tous autres nations, que sous condition qu'elles auraient abdiqué tous projets d'hégémonie; car qui dit *Société,* dit *égalité des intérêts et des droits.*

La première égalité à établir est celle des modestes travailleurs qui n'ont gagné à la guerre que les risques de se faire tuer ou mutiler par les blessures reçues, ou affaiblir par la maladie. Il ont bien conquis leur droit à l'égalité, de tous les droits pour les assurances de tous les risques, pour toutes les lois de travail, et les droits syndicaux; cette égalité, ces principes consacrés par *notre déclaration des droits de l'homme,* ils les ont conquis.

Quelle que soit leur nationalité, dans la longue endurance des tranchées sur les champs de batailles, dans ces luttes vertigineuses de l'air, dans les risques mortels de la guerre sous-marine, cette égalité conquise au prix de leur vie, et sacrée par tant de morts, tant de blessures et d'infortunes, qui oserait désormais la leur contester?

A côté de ces arguments de cœur qui sont en même temps des arguments de raison, car le cœur et l'esprit s'associent dans la même synthèse d'humanité, il y a un supplément de raisons d'ordre économique qui ne sont pas moins puissantes. Après l'effroyable dépense qui aura été faite de vies humaines, le capital humain prend maintenant toute sa valeur. L'ouvrier n'est pour l'ouvrier, qui travaille à ses côtés, quelle que soit sa nationalité, qu'un concurrent, c'est un rouage solidaire qui concourt à la prospérité de la nation où il travaille, à la prospérité générale de l'humanité.

En France particulièrement où la natalité est très faible, où les pertes éprouvées seront particulièrement irréparables, l'intervention de la main d'œuvre étrangère et en particulier de la main-d'œuvre belge et italienne constitue un appoint nécessaire qui seul peut empêcher le prix de la main-d'œuvre de monter à un point qui en apparence avantageux pour la classe ouvrière, aurait par le renchérissement général qu'elle entraînerait les répercussions les plus funestes et deviendrait un immense péril économique.

En ce qui concerne la France et l'Italie particulièrement, les deux Pays ont intérêt à la pénétration sympathique et mutuelle de leurs populations ouvrières. Celui de la France est évident; qu'elle que soit la dépense budgétaire, la France aura toujours du bénéfice. Et l'Italie a tout intérêt, lorsqu'elle aura assuré chez elle le travail de reconstitution économique qui suivra la guerre, de favoriser l'exode en France de l'excédent de population qu'elle est heureuse d'avoir, de lui voir gagner dans notre pays de bons salaires, et de développer ainsi ses facultés d'économie et de travail dans un pays qui placé avec elle sur un terrain d'une sincère fraternité, n'aura, et ne peut avoir la moindre idée de l'absorber et de la dominer. Nous avons vu quels sacrifices avait faits l'Allemagne pour attirer l'émigration Italienne, par l'appât de sa législation ouvrière. Nos voisins savent aujourd'hui ce que ça devait leur coûter. Nous saurons, par les facilités que donnera aux travailleurs Italiens, la participation à notre législation d'assurance sociale, que nous saurons perfectionner, éviter à notre nation sœur le renouvellement des mêmes inconvénients et des mêmes périls.

Quelque supérieures à notre législation actuelle que soient la législation d'assurance sociale de l'Angleterre et de la Roumanie, il ne leur en coûtera pas beaucoup d'accorder à nos travailleurs français le bénéfice de leur législation nationale. Il y aura pour nous une obligation morale de les égaler.

Pour les autres pays notre avantage économique est certain, on ne saurait trop le répéter. Pour toutes les nations, la fraternité des travailleurs est la conséquence forcée de la guerre.

Après, la guerre, victorieuse, la France sera la grande blessée qui aura versé le plus pur de son sang pour l'humanité et la justice. Elle aura intérêt à ouvrir ses portes toutes grandes aux peuples alliés, et même aux nations neutres, qui lui apporteront l'appoint nécessaire de leurs ressources humaines et économiques. Elle n'y perdra rien des caractères distinctifs de son génie national. Elle y gagnera au contraire, et trouvera dans la sécurité conquise par tant de sacrifices, la récompense bien gagnée d'une prospérité qui trouvera une base solide dans les leçons de la guerre, et la confiance née de la victoire.

En conséquence, nous venons proposer à votre Commission :

Qu'un accord intervienne au plus tôt entre la France et ses Alliés étendant aux nationaux de leurs pays le bénéfice de leurs lois respectives d'assurance sociale comprenant les risques de maladie, de vieillesse, d'invalidité et de chômage.

Paris, le 15 Décembre 1917.

Ernest LAIROLLE

Après les félicitations de M. le Président et diverses observations de MM. Chéron, Millerand et Fontaine les conclusions du rapport ont été mises aux voix et adoptées à l'unanimité.

IMP. CHAIX
PARIS